Primera edición marzo de 2024
Primera reimpresión abril 2024
Segunda reimpresión junio 2024

© del texto, Vega Cerezo
© prólogo, Almudena Sánchez
© foto de solapa, Juan Rubio
© de esta edición, Editorial Páramo
www.editorialparamo.com
comunicacion@editorialparamo.com / 646346731
Coordinación: Javier Campelo Bermejo

Obra de cubierta: *Visionario*, óleo sobre lienzo (2004) © Félix de Agüero

ISBN: 978-84-128128-1-7
Núm. DL: VA 97-2024
Impreso en España – Printed in Spain
Impreso en Estugraf

LOS PRIMEROS FRÍOS

Vega Cerezo

editorial
PÁRAMO
✳
lírica

LOS PRIMEROS FRÍOS

Vega Cerezo

LOS PRIMEROS FRÍOS

A la abuela Antonia,
que me ha enseñado a amar

A Juan, Rocío, Iván, Kira y Coco
Sois el calor que atempera mis fríos

A los cuatrocientos siete árboles que hay en casa

A mis sobrinas Nerea, Claudia y Marta
A mi hija Darija
A Elísabet, la Chica de las estrellas del verano,
y Victoria, la Chica de México
A Conchi, Virtu, Myriam y Pepa
Vosotras, todas, traéis la luz y la belleza. Os amo

UNA ESTAMPIDA DE FRÍOS
Por Almudena Sánchez

Es un hecho llamativo que en esta época de alarmismo climático y calentamiento global —*Las temperaturas son las más altas desde que hay registros,* advierte con seriedad un meteorólogo— una poeta murciana escriba sobre el frío.

Que en esta época rara, de incendios por todas partes (en una montaña, en un contenedor, sobre un lago, ¿un lago?) y un humo verde, extrañísimo, que sale por las chimeneas de las urbanizaciones, una poeta murciana se acuerde del invierno.

Que en esta época de bombardeos y quemaduras con forma de lágrima, una poeta murciana medite acerca de la caída suave de la nieve.

Sin embargo, Cerezo se rinde ante esa atmósfera gélida que siente como una especie de posesión sobre su cuerpo. Las que tenemos frío, lo sabemos. Define una forma de ser:

> *"Escribo para salvaguardar la desobediencia*
> *y no enloquecer"*

Un temperamento:

> *"Aquí vivimos así: no sabemos dónde acaba el humano*
> *y comienza el animal"*

Echa de menos su fiebre infantil y la convoca:

> *"De niña sentía fascinación por las costras de mis heridas.*
> *Las protegía con una entrega desmesurada.*
> *Me gustaba verlas cambiar de color, endurecerse, engordar.*
> *Nunca había cuidado de nada vivo. Ni siquiera de mí misma.*
> *Fue lo primero que cuidé en mi vida"*

Sueña con una extinción y se conmueve ante una playa llena de morsas que duermen revueltas lejos de su frío natural:

"En la escena, más de cien mil morsas se hacinan en una playa
de la costa nororiental de Rusia desposeídas
de su territorio de hielo.
Un paisaje abrumador de cuerpos amontonados
formando una vasta pradera que perturba
por su extraña composición"

Se atreve, en definitiva, a contar lo que desaparece.
   Sus escalofríos.
   Los veranos en los que tiritaba.
   Cómo se desvanece la frescura.

Los primeros fríos, más que un poemario, parece un libro de canciones. No es porque sus poemas tengan estribillo o rimen, nada de eso. Es porque conforman una especie de banda sonora y una biografía. Lo que da paso a una realidad sensorial, que se mete en nuestro cuerpo de la misma forma en la que lo hacen las canciones: recordándonos esos momentos en que "la estalactita glacial", por decirlo de alguna forma, se nos clava y nos parte el corazón.
   El frío llega cuando menos te lo esperas, suelen decir las abuelas.
   Y también: llévate una rebequita, por si acaso.
   Solemos ir prevenidos, por si el frío. Es de las primeras cosas que nos enseñan de niños: a esquivar el frío en todas sus variantes.

   ¿Cómo se te ocurre vestirte así, con el frío que hace?
   Cuidado con la humedad, que se mete en los huesos.
   Con los pies fríos no se piensa bien.
   Una suerte de enemigo mortal.

Abrigarse mucho o abrigarse de más, quizá signifique envejecer. Y de eso también nos habla Vega Cerezo: de sentir el frío de múltiples formas o del frío en constante estado de transformación.

El frío es una materia voluble y nos dignifica.

En uno de sus poemas, habla de sentir el frío (el mismo frío) que su hijo siente, pero con otra edad. Un frío traspasado de cuerpo a cuerpo. De madre a hijo. De madre a madre. De perro a madre. De madre a perro. Así lo muestra en algunos de sus versos, el frío como radiografía familiar:

> *"Nunca fuimos una pandilla de tarados. Eso jamás.*
> *Sólo una familia triste con cosas rotas.*
> *Cada uno vive con lo que tiene: un salón comedor en madera*
> *vengué, una hija triste, la vajilla Duralex de doce piezas, un*
> *cuadro con ciervos muertos a los pies de sus crueles cazadores*
> *decorando el recibidor; yo qué sé"*

En fin, un poemario que provoca temblores, que es el cometido de todo libro de poemas: que desde la portada empecemos a temblar. Y eso Vega Cerezo lo consigue desde el principio, cuando nos confirma que "Nacer es el primer frío".

Un aforismo para la eternidad. Una estampida de fríos. Una poeta quitándose la ropa para medirse la temperatura corporal.

Se escribe, dicen, con una mano arrancada a la infancia.
María Negroni

Nacer es el primer frío

LA HELADA

Todos hemos llegado a este mundo
quebrando el cuerpo de una mujer.

La infancia y luego,
no supimos, no pudimos,
no alcanzamos a sostener ese esplendor.

CRECER

Mi madre me enseñó a nombrar los animales
con el lenguaje de los animales.
Me decía: Un *miau-miau*,
un *pío-pío*, el *guau-guau*, incluso, aprendí
a nombrar al lobo en el lenguaje de las bestias.
Un *auuu* arrastrado, casi soplado, que salía de mi cuerpo infantil
mientras estiraba los brazos y tensaba el cuello
como un lobezno ardoroso y febril.
Todo esto ocurrió antes de las palabras,
en el tiempo de la ternura y los silencios.
También a ti te nombré con el lenguaje de las bestias.
Mama, te decía.
Y aquel balbuceo constante obraba tu presencia.
Luego, ya sabes, lo de siempre: la talla de zapato que aumenta,
el primer sujetador, la matrícula de la universidad, tú
contando en el rellano del portal mis éxitos a las vecinas,
escuchando los de sus hijas también; no sé,
la vida, lo de siempre.

Pero madre, mira tu obra.
Yo digo: *gato*, *pájaro*, *perro*, *lobo*.
Mira tu obra
y lloremos juntas por esta derrota.

EL DAÑO Y SU HERIDA

Hoy encontré una foto mía guardada entre las páginas de un
libro. En ella aparece el salón comedor de casa de mis padres y yo.
La fotografía es en blanco y negro. Tengo un año, dos a lo sumo.
Estoy descalza y subida de pie sobre una de las sillas.
La tomó mi padre minutos antes de descubrir el sabor de la
sangre en mi boca, que la carne humana se podía coser
con aguja e hilo cuando se rompía y que no podía volar.

Yo no podía volar.

Y esta sabiduría temprana y asfixiante se la debo a las seis sillas
del salón comedor de casa, a las inquietudes artísticas de mi padre
y a la infancia, el único momento de nuestra vida en el que el daño
no tiene memoria.

FRACTURA

nombre femenino

1. Rotura violenta de una cosa sólida, especialmente un hueso del cuerpo.
2. Lugar donde se rompe una cosa sólida y señal que deja.

De niña sentía fascinación por las costras de mis heridas.
Las protegía con una entrega desmesurada.
Me gustaba verlas cambiar de color, endurecerse, engordar.
Nunca había cuidado de nada vivo. Ni siquiera de mí misma. Fue lo primero que cuidé en mi vida.
Aquellas costras eran islas enigmáticas creciendo —soberanas— en mi cuerpo níveo. Sentía un placer inexplicable al pasar la mano por encima de los bordes de sus texturas para experimentar en mi propia piel el conflicto entre lo terso y su quiebra.

EL OFICIO DE AMAR

Mi abuela me llevaba al campo en las tardes
silvestres y naranjas del verano del setenta y seis,
me ayudaba a escalar la piedra más alta del pedregal,
a extender los brazos con decisión y luego,
a volar.

Mi *abuela-pájaro* y yo.

LA CASA

Mi casa tenía un océano cristalino,
tres infiernos y un balcón estrecho
donde un canario enjaulado piaba
infatigable por su libertad.
Mi casa era un reino feroz,
y rugía.
Ardía un día sí y otro también;
por eso aprendí a rezarle al dios de las tormentas.
Aprendí su llamado antes de andar, antes
de hablar, antes de odiar, antes
de todos los antes porque su clemencia
fue la única que nos llegó. Nos sacó el fuego.

Jugábamos en la calle como salvajes.
Estábamos furiosos.
Nos pelábamos las rodillas y a la noche
nos rascábamos las costras.
Siempre magullados, raspados, irritados,
lisiados, rotos. No sé qué buscábamos bajo la piel
o si sencillamente nos anestesiaba ese vicio.

Cazábamos saltamontes, criábamos gusanos de seda
en cajas de zapatos, escupíamos a los coches rojos,
luego a los blancos, luego a los blancos y a los rojos,
y, finalmente, a todos.
Éramos inflamables, como la casa.

En las tardes, cuando las lluvias acudían prestas
a aliviar los incendios, me refugiaba en la casa pequeña
que había dentro de la casa feroz.

Éxitos de la Literatura Universal, así se llamaba la casa pequeña.
Una colección de libros encuadernados en piel
con letras impresas en dorado que decoraba
las estanterías del salón.
Los devoré, insaciable, uno tras otro.
Mi madre se reía y decía: Así se distrae. No hay de qué
                              preocuparse, no entiende nada.]
Mi padre se reía y decía: Así se entretiene. No debemos
                              preocuparnos, no entiende nada.]
Yo lloraba porque lo entendía todo.
¿Cómo iba a contar nuestra historia con esta belleza
sin los libros? ¿Cómo sin los libros?

Mi casa era un reino feroz,
y rugía.

Crecer es amar al monstruo

EL DAÑO

En los años del elástico y los cómics de Esther,
yo soñaba con armar una bomba rosa chicle para explotarla en el
salón,]
en mitad del *Un, dos, tres,* cuando la felicidad ajena nos complacía
y reíamos, henchidos, arropados en nuestras batas de guatiné
todos los viernes por la noche frente al televisor.

¡Qué estúpidamente felices nos hizo el *Un, dos, tres,*
y cuánto dolor nos quitó!

Deberíamos canonizar a Chico Ibáñez Serrador,
a Mayra Gómez Kemp y a la Ruperta.
Santa Ruperta, ven y frótanos con tu fulgor.
Repetid conmigo: *Santa Ruperta,*
sálvanos de este frío de persianas que no cierran
y baño semanal.

En los años del uniforme escolar, el babi y la templanza,
yo me enamoré del cuerpo de otras niñas.
Porque mi cuerpo era una cárcel desolada y estrecha;
no cabía alegría en él.
Observaba con fascinación a las chicas de La Ola.
Las chicas de La Ola se emborrachaban y fumaba cigarrillos.
A veces, aspiraban pegamento detrás de la tapia del colmado
y los chicos mayores las tocaban, y ellas
bailaban y reían entregadas a una felicidad
que les pertenecía. Era suya
como las flores lo son de la tierra que las hace brotar.
Las chicas de La Ola eran fosforescentes.

Yo, en cambio, soñaba bajo una luz plomiza. Me asfixiaba

con mi propia respiración, con las palabras,
con los besos de buenas noches y las clases de gimnasia.

Respirar, morir.
Hablar, morir.
Besar, morir.
Saltar el plinto, morir.

Nadie a los trece años debería jugarse la vida así;
es de locos.

Pero nosotros éramos absurdos, infelices y correctos.
Nunca fuimos una pandilla de tarados. Eso jamás.
Sólo una familia triste con cosas rotas.
Cada uno vive con lo que tiene: un salón comedor en madera
wengué, una hija triste, la vajilla Duralex de doce piezas, un
cuadro con ciervos muertos a los pies de sus crueles cazadores
decorando el recibidor; yo qué sé.
Se hacía lo que se podía.

Mamá rezaba con nosotros cada noche antes de apagarnos
la luz del cuarto. Siempre hubo algo pernicioso
en ese gesto de hablar con Dios: arrodillarse,
pedir perdón y entregarnos a la oscuridad. En ese orden.
Otro amo que sólo nos aceptaba sumisos, arrepentidos y ciegos.
Pedíamos por lo niños negritos de África, por la paz mundial y
por la vecina del quinto que tenía un mal en el hígado.
Y esa era toda la bondad que creíamos merecer.

En esos años me pregunté cada día de mi vida
por qué nuestra felicidad nos costaba tanto esfuerzo,
por qué era tan incompleta,
por qué siempre andaba rota, quebrada, astillada.

Por qué ser felices nos había supuesto tanta mediocridad y dolor.

Me lo pregunté durante años y finalmente
entendí que no había respuesta.
Que, a veces, nadie tiene la culpa.

CATORCE DE ENERO DE MIL NOVECIENTOS OCHENTA Y SEIS

Acuérdate del frío de aquella noche,
catorce de enero de mil novecientos ochenta y seis:
la noche más helada de aquel invierno y nosotros,
en mangas de camisa, en tirantes incluso, gritando
a la oscuridad como si nuestra euforia convocara
un calor imposible, el incendio del mundo;
las mismísimas estrellas aleteando
con su luminiscencia
nuestra indolencia.
Pensábamos que el mundo era eso:
aquella noche y nada más.
Nosotros tan jóvenes e inocentes:
con todo por hacer,
sin nada hecho aún.
Los cachorros del progreso.
"El mundo es de los audaces",
lo dijo Patti Smith, y por eso la amábamos.
Venerábamos cualquier desobediencia
porque el futuro llevaba nuestros nombres.
El mundo se iba a construir con esas manos.
Sin sangre, sin sudor, sin lágrimas.
Tan sólo teníamos que nombrar la felicidad y después,
devorarla,
como los deslumbrantes cachorros del progreso que éramos.
Y gritamos, pese al frío.
Gritamos con la voz ronca y rota
como nunca antes lo hicimos.
Fuimos la tormenta más hermosa de la ciudad.

No sé si recuerdas aquel frío terrible
del catorce de enero de mil novecientos ochenta y seis.

El Tono nos miraba con el trapo de fregar las mesas
sujeto al mandil. Parado como un pasmarote
en la terraza de su cafetería.
"Cervecería Yolanda. Raciones y aperitivos",
ése era el territorio del Tono. Su planeta azul.
Su *Yolanda*.
Nosotros, en cambio, éramos
todas las constelaciones del universo y aún
desconocíamos el poder atroz del ácido desoxirribonucleico.
No había *Yolanda*.
Por eso seguíamos gritando,
porque nos quemábamos por dentro y ese incendio
era lo más hermoso que nos había sucedido
en mucho tiempo.
O no, teníamos una memoria efímera
para que nos cupiera toda la vida.
¡Qué estupidez!
Apenas recuerdo qué cené ayer,
si compré o no comida para el perro,
si te besé antes de ir a dormir.
Luego, el Tono apagó el luminoso y bajó la persiana,
pero nosotros seguíamos gritando,
saltando y chocando los unos contra los otros
borrachos de brutalidad y ceguera.

A veces pienso en esa noche,
en dónde quedó nuestro incendio,
en la belleza insondable del frío,
en qué silencios conquistan hoy nuestro grito.
Pienso en nosotros,
en la ternura de los inviernos de antes,
de antes de esto, que es sórdido y anodino,
en los ojos cerrados y el cuerpo tibio de los cachorros al nacer,

en el catorce de enero de mil novecientos ochenta y seis,
y en la muerte.
Ahora casi siempre acabo pensando en la muerte.

EL SECRETO

La selva amazónica alcanza seis millones de kilómetros cuadrados.
Es el bosque más extenso del planeta.
Bajo su frondosidad conviven diferentes hábitats
y la mayor diversidad genérica del mundo animal.
Yo era el Amazonas a los doce años.
Nadie más lo sabía; ni siquiera
los de mi especie.

El país se desperezaba tras la muerte del torturador, pero
ni tú ni yo, habíamos florecido aún.
Esperábamos —hambrientos— el incendio.
Nosotros éramos la selva húmeda y calurosa
que crecía desordenada en el silencio
de las siestas del verano del setenta y seis,
en las noches breves y heladas del invierno del ochenta y dos;
con cada cambio de estación.
El fémur, el botón mamario y el vello púbico, ardían.
La picazón de la pubertad es vegetal.

Cómo no desear el estallido
si teníamos dinamita en el pelo,
en el vientre y las pestañas.
Yo iba a recorrer en bambas el universo.
Yo *iba*, pretérito imperfecto de indicativo.

El mundo se agitaba y nosotros aún teníamos virgen
el dolor, el sexo, y el futuro.
No era nuestro deseo.
Peleábamos feroces contra esa catástrofe.
La adolescencia es un planeta de pólvora y belleza, y también,
el oficio agotador de sobrevivir a tanto fulgor.

Algunos investigadores afirman que la selva amazónica se
canibaliza,]
que existe un orden que compensa su desmesura. Algo así como
una selección natural que no cumple ningún canon y, pese a ello,
resulta admirable por su perfección.
Yo seguía siendo el Amazonas a los quince años.
Me canibalizaba en la soledad de mi cuarto.
La ambición de la adolescencia es animal e íntima.

Luego crecimos, no pudimos vencer esa provocación.
Nos derrotó el monstruo.
Dejaron de arder el fémur, el botón mamario y el vello púbico.
La selva amazónica se incendió en el dos mil diecinueve.
Quedamos huérfanos de floresta y luz.
Así podríamos contar nuestra historia.

Fue lo más hermoso que habíamos conocido
y no supimos contárnoslo.

Depredadores y presas bebemos de las mismas aguas

*Cuando una mujer dice la verdad, está creando
la posibilidad de más verdad a su alrededor.*

Adrienne Rich

EL PRIMER FRÍO

Mi abuela canta *La Tarara* en la cocina.
Prepara el desayuno y menea la cadera al compás de la tonada.
Tiene la Tarara un vestido blanco
con lunares rojos para el Jueves Santo.
La observo apoyada en el quicio de la puerta.
Tengo seis años y es invierno.
Lo sé porque recuerdo ese frío.
Aún en camisón, descalza y somnolienta,
canto con ella.
Tiene la Tarara un dedito malo
que curar no puede ningún cirujano.
La Tarara sí, la Tarara no,
la Tarara niña que la he visto yo.
Se seca las manos en el mandil y corre a besarme,
porque la abuela besa con las manos y los labios.
Huele a leche y pan caliente.
Aprieta mi rostro entres sus palmas
y amanece en mí la ternura.

Nadie se ha levantado aún en casa.
Somos las dos habitantes
del planeta más frágil del universo:
Las mujeres que cantan y cuidan a otros.
Disponemos el desayuno en la mesa: la leche,
el café, el pan tostado con manteca
y las migas de las gachas.
Llegan ellos, los otros: mi abuelo, mi tío, mi padre.
Comienzan a dar cuenta del festín y discuten —alborotadamente—
sobre su timba de cartas ayer tarde en el Café Gran Vía.
Amanece el frío en mí.
Lo sé porque recuerdo ese temblor y su herida.

Tengo seis años y veo por vez primera a mis lobos.
Yo os conozco, pienso.

Escucho a la abuela cantar desde la cocina,
su planeta de ternura y cristal.
Baila la Tarara con bata de cola y si no hay pareja,
ella baila sola.

EL VUELO

Si levanto la mano puedo tocar
el vientre hinchado de las nubes.

Ahora sé que hemos estado distraídas.

LA GRIETA

Ternura, vuelve
y salva al mundo.

La tristeza es un país de hielo

Nadie presagiaba ciudades crueles.
Rafael Cadenas

LA SOBERBIA DE DIOS

Cuando mi perro enfermó no nos mostró su daño.
Intuyó nuestra endémica fragilidad. Estos míos
son de cristal. Soplas —debía de pensar él—,
y los rompes. Mi familia humana
es quebradiza, qué se le va a hacer. Es cierto,
a nosotros nos mata un mal viento.

A Coco el daño le conquistó las entrañas
lentamente. Mi perro tenía una gotera,
y yo no la vi.
Atesoraba una laguna en las tripas.
Una laguna del tamaño de Dinamarca,
de Australia, del Polo Norte, alargada,
como Chile.
El daño de mi perro no cabía
en ningún cuerpo.
Un día dejó de comer, de correr,
de hacer la croqueta en el césped.
Se quedó sin gasolina.
No sé; se quebró.
Game over.

Tuvimos que matarle para aliviar su dolor.
Está sufriendo, dijo la veterinaria.
Ponga la inyección cuanto antes, respondimos nosotros.
Los seres de cristal matamos con la misma decisión
con la que compramos geranios en primavera.
No quieras saber.

Fue un asesinato en toda regla porque en el pueblo
si tú quieres matar a tu perro a las doce de la noche de un jueves,

en pleno invierno;
tienes que cargar con él en brazos, meterlo
en tu maldito coche y viajar hasta el matadero.
Aquí vivimos así: no sabemos dónde acaba el humano
y comienza el animal. Los salvajes, nos dice mi madre.
Mi madre, una sabia.

En enero, con la llegada de los primeros fríos, Coco murió.
A mi mapa de la felicidad le crecieron unas grietas finísimas,
casi imperceptibles al ojo humano.
El verano siguiente aún lloraba al escuchar a un perro ladrar.
Y el siguiente, y el otro, y el otro.
Y nadie castiga la soberbia de Dios.
Nadie.

EL ÁRBOL MÁS HERMOSO DEL JARDÍN

Hemos plantado un árbol en el lugar favorito de Coco,
donde hacía la croqueta y luego
se tumbaba sobre el césped a mirarnos.

A mirarnos a nosotros,
que nada teníamos que mostrarle.

LA QUEBRADA

Sólo creo en la soberbia de Dios
porque sólo la soberbia de Dios es infinita.

Escribo para inventar otra lengua

Escribo a partir de mí y para mí.
Eventualmente me comparto, comparto lo que escribo, pero
eso no quiere decir que yo me abra al mundo, sino que
traigo a los visitantes a mi intimidad.

Camila Sosa Villada

Escribo por orgullo y por piedad, porque no somos suficientes,
nunca fuimos suficiente; porque no estamos todas.
Sobre todo, porque no estamos todas.
Hacen falta ríos de tinta para reparar esa herida.

Escribo para abrazar la desmesura y su frontera.

Escribo porque me duelen los dedos, las
uñas de los dedos, la garganta y el tórax. Mi tórax
está lleno de mariposas. Tengo cinco años y aún
no sé escribir, pero hago trazos ilegibles sobre el papel
por culpa de las mariposas,
gracias a las mariposas.
¿Qué pone aquí? ¿Esto es una "m" o una "n"?
La "m" son dos montañitas, que te lo he dicho mil veces,
Y coge bien el lápiz, animalito de Dios.

Es una "m" de mariposas. Mariposas
que no me dejan respirar.
¡Nadie va a entender que me estoy ahogando!
¡Joder, que tengo cinco años y hay un enjambre
de bichos habitando mi cuerpo!
¡Acabemos con esto!
Enseñadme a escribir correctamente. Ya me corregiré
más adelante.

Escribo porque los de arriba jamás van a permitir
que los de abajo cambiemos de piso. Y eso será así
siempre, eternamente, *per saecula saeculorum.*
Pero tengo que señalar ese daño para poder seguir
respirando. Para bajar a comprar el pan mañana. Para
llenar la regadera y echar agua a los geranios. Para

poder decir "buenas noches" "buenos días"
besarte, y no morir.

La Literatura no nos salva de nada.
Yo pagué mi primera cocina con un permio literario,
pero luego no había dinero para comprar comida.
No había nada que cocinar.
Sabedlo, la Literatura no nos salva,
pero hay que contar.
Contar es un oficio durísimo.
Te dejas la vida en ello.

Escribo como cuando era una cría,
con agua en la garganta y los puños apretados.
Para tocar el vientre caliente de las cosas y luego,
nombrarlas.

Para volver al principio:
a los garabatos y las mariposas de colores.

Escribo con las mismas palabras con las que mi madre me envía
un wasap: *Hija, ¿todo bien?* Siempre el mismo: *Hija, ¿todo bien?*
Lunes, *Hija, ¿todo bien?*, martes, *Hija, ¿todo bien?*, miércoles,
jueves, viernes, sábado. El domingo descansa.
El domingo es de Dios.
Sí, sí, sí, Madre. *Pio-pio, guau-guau, mia-miau; auuuuu.* Sí, todo
bien. Casi bien.
Mejor casi bien.
Mi madre y yo hacemos Literatura por WhatsApp.

Escribo para salvaguardar la desobediencia
y no enloquecer.

Hacemos cuanto podemos por repararnos

Antes de ser árbol, fui cazador.
Luisa Castro

LO PERDIDO

Un hombre silba.
Silba una melodía breve en mitad del campo
—insistentemente—, una y otra vez,
camina y silba la misma cantinela.
Escuchamos su llamado mientras almorzamos en el porche.
Está buscando al perro, dice alguien al fondo de la mesa.

Un hombre silba desesperadamente
en la vastedad del campo buscando
a un perro.

El perro escucha, ensimismado en la exuberancia del campo,
al hombre que silba y grita un nombre —ahora absurdo—,
entre todos los sonidos húmedos y vegetales
que descubre por vez primera.

Quizá sea esta la historia de lo perdido: alguien nos nombra
en un lenguaje desfasado en el momento exacto
en el que descubrimos nuestra propia lengua.

LAS FLORES DE BIRKENAU

Conservo sobre mi escritorio el portarretratos
donde prensé las florecillas blancas
que crecían —luminosas— en el verano del dos mil diez
a la entrada de un barracón en el campo de exterminio Birkenau.

Sólo la Naturaleza tiene la audacia de inventar la belleza
en lugares imposibles.

Arriba no hay nadie

Dios no nos abandona nunca,
somos lo único que conoce.

Patti Smith

LAS MIGAS DEL MANTEL

Telefoneo a mi madre. Es lunes,
son las nueve y cuarto de la noche y acabo de salir del gimnasio.
Hago crossfit tres días a la semana:
llueva, truene o caiga el diluvio universal.
El crossfit es mi nueva religión.
Arderá el mundo y yo estaré haciendo crossfit.

Enciendo un cigarrillo mientras espero su voz al otro lado del
                                              auricular y la imagino]
sentada a la mesa de la cocina, cenando,
con la bata rosa de guatiné y el televisor a todo volumen.
Parte una rebanada de pan separando
la molla de la corteza y luego, lentamente,
recoge una por una las migas que han quedado
esparcidas como asteroides de una galaxia triste y sin brillo
sobre el hule de cuadros.
Las dispone en la servilleta,
tan ensimismada ella es este quehacer estéril,
que parece un fotograma a cámara lenta.

¿Qué cenas, mamá?
Una tortilla a la francesa y medio tomate partido, responde.
Es una metáfora a la soledad y el frío, pero ella no lo sabe.

Mi madre es una esquimal,
vive en la Antártida,
tan lejos.
Ya no alcanzo a abrazarla.

Ahora el tiempo es una meseta

Gritamos, cantamos,
y después por una hora está ahí en la habitación,
el canto. Te miro a los ojos como si hubiera estado
separada de ti por un tiempo largo
o fuera a estar separada de ti por un tiempo sin fin.

Sharon Olds

LA INDISCRECIÓN

Amor mío,
Adoro la manera en la que te entregas
a la primavera, abrumado por la plenitud del campo
y su abundancia. Hay en ti
una bestia herida cada veintiuno de marzo.
Y pese a ello,
cortas con esmero la hierba del jardín.
Nadie me ha amado con tanta indiscreción.

Nunca lo digo. Hay palabras
que son cachitos de cristal y, al unirse,
crean algo tan insólito y frágil,
que se rompe con sólo pronunciarlo.
Por eso tengo que escribir este poema:
para unir los cristales.
Y porque creo en ti.

Creo en ti que aún hoy
echas con generosidad el vino en mi copa.
Eres la desmesura en la estrechez de este tiempo gris.
Creo en ti porque nadie ha llorado
con tanta ternura a sus perros muertos.
Ni siquiera yo.
Yo quise matar a Dios y, luego,
llorar: Odié y, luego, lloré;
no es lo mismo.

Con frecuencia me regalas canciones.
He tardado veinte años en entender que todas las canciones
hablan de mí.
Ahora sé que todas las canciones hablan de mí.

Yo, tu *Maga*, ahora lo sé.

A veces miro nuestras fotos y aspiro con los ojos cerrados
el aire de la habitación.
Es un gesto de soberbia; no te voy a mentir:
detesto la fugacidad del tiempo y nuestra inconsistencia.
Vivimos a la intemperie abrasados
por el bullicio y su luz.

Nadie amará a un padre con la pasión
con la que tú amaste al tuyo. Ni guardará su olor
como tú guardas el suyo. Me conmueve
el rastro de ternura que una vida dejó en la otra.
Voy a nombrar a tu padre en este poema:
Ángel Rubio Zori, el hombre
que inventó a mi hombre.

Y está la risa, el sexo, la paella de los domingos,
las habitaciones de los hijos sin los hijos,
la casa que cruje,
los padres que se orinan,
la posibilidad de que mañana mi madre no recuerde mi nombre.
Mi madre, que me ha nombrado veinte millones de veces,
podría no recordarme.

Amor, nadie puede cantar y llorar a la vez.
Cantemos, pues.

LO FEROZ

Este cuerpo mío
ya contó su historia a otros.
Nos hemos quedado a solas en la habitación del frío:
los huesos, la sangre, este miedo y yo.
Porque la fatalidad necesita un cómplice
que bese sus fauces.

Antes del hielo crecían amapolas salvajes
en los huecos de mi cuerpo y tú
morabas —despreocupado— a su abrigo y consuelo.
Yo era *la casa* de tu deseo,
y también del mío.
Hoy no soy más que la promesa del barro que me amasó.
No hay verano.
El verano y las libélulas son territorio de la infancia.
No puedo decir *infancia* sin emoción
ni daño.
Digo *verano* y lloro.
Digo *infancia* y lloro.
Digo *libélulas* y lloro.
Me ahogo en esta rabia y, después, grito.
Grito tan fuerte que podría quebrar la Tierra,
quebrar el hielo que queda en los polos,
Perito Moreno deshaciéndose a mis pies implorando silencio,
las libélulas de todos los veranos convocadas a mi llamado.
Podría ocurrir algo así.
Algo así de hermoso.

Lo sé, amor, ambos sentimos ya ese temblor,
pero yo te digo: aún estoy incendiada.
Soy la historia de este llanto,
y también de lo feroz.

Somos un acontecimiento trivial

La vida se hunde en la vulgaridad
y en la mera ilusión. En la vulgaridad
por no haberla arriesgado en sus comienzos.
En la mera ilusión
por arriesgarla de una forma
desesperada al acercarse el fin.

Joan Margarit

LA CHICA DE DAKOTA Y YO

Sigo a una chica de Dakota del Norte que hace tartas
en su casa. Hace tartas y luego las cuelga en Instagram.
Las decora con pétalos de flores. Pétalos
de verdad: granates, malvas, amarillos.
En las imágenes de los *posts* sólo se ven sus manos,
y las tartas.
Cuenta algo en inglés. No tengo ni idea de qué;
yo nunca lo leo. A mí sólo me gustan sus manos delicadas,
blancas, de dedos finos y certeros, y las tartas.
Viste como de otra época: con corpiño, delantal
y falda plisada. Es una extraterrestre.
Nadie viste así. Ni siquiera mi abuela viste ya así.

Miro sus tartas silvestres. Me sacan el frío.
Ella no lo sabe, pero mi frío es un rascacielos
que crece como la hierba del jardín en primavera;
desaforadamente.
Un rascacielos de quince mil setecientas plantas.
Mi frío estratosférico y yo somos uno.

Un día, la chica *posteó* una tarta de chocolate con
pétalos dorados y racimos copiosos de arándanos
y grosellas custodiando la base del pastel.
La vi al salir del trabajo, mientras esperaba el autobús
de regreso a casa.
So beatiful, escribí.
Y deseé con todas mis fuerzas abrazar
a la chica extraterrestre de Dakota del Norte
que hace tartas en su casa, y devolverle
tanto amor.

THE GAMER

Él dice,
Chicos, protegedme, voy a intentarlo.
Si muero, seguid sin mí.
Es otoño. Iván juega con la Playstation
en el cuarto azul contiguo a la cocina.
Quizás haya miles, incluso millones de chavales
jugando como él en este preciso instante.
Un ejército planetario
de adolescentes ciberconectados aniquilando
y siendo aniquilados
en un universo ficticio y hostil.

Faltan veintisiete minutos
para mi cuarenta y ocho cumpleaños, y sé
que habito ya el universo de lo frágil.
Ningún ejército acudirá a rescatarme
de esta ingrata decadencia.
¿Cómo nombrar mi derrota?
La rabia.
La casa y la rabia, tal vez.
La casa vieja y la rabia nueva.

Fumo en la cocina mientras ambos
desafiamos a la muerte y escribo,
Chicos, protegedme, voy a intentarlo.
Si muero, seguid sin mí.

Nosotros somos la casa de la casa

Pega el oído a la tierra que insiste en levantarse y respirar.
Acaríciala como si fuera carne, piel humana capaz
de conmoverte, capaz de rechazarte.

Blanca Varela

ANTÁRTIDA

Dejaré este mundo más sucio y codicioso
de cómo lo hallé.
Esta es la primera verdad que debéis saber:
hemos venido a quebrar la Tierra.

Nosotros hemos venido a llenar los mares de plástico,
las playas de muertos, los cementerios de mujeres.
No era nuestro propósito, pero
nos seduce esa sangre, los gritos,
el llanto, el quejido rudo y bronco de los mataderos.

Hace unos meses vi un documental sobre la Antártida.
Me alivia ese frío: la inmensidad blanca y silenciosa
de los polos.
En la escena, más de cien mil morsas se hacinan en una playa
de la costa nororiental de Rusia desposeídas
de su territorio de hielo.
Un paisaje abrumador de cuerpos amontonados
formando una vasta pradera que perturba
por su extraña composición.
Algunas reptan por el acantilado que nace al pie de la playa.
Ochenta metros de fragosa aventura
para tener espacio.
Luego, el hambre les araña las entrañas y
comienzan el descenso de una altura
que nunca debían haber escalado.
La imagen es desoladora: cientos de morsas
se precipitan al resbalar por la pendiente golpeándose
—aparatosamente— una y otra vez contra las rocas
hasta caer, a plomo, sobre la orilla.

Queda una hilera de cadáveres reventados coronando
la margen de esa playa antártica.

Lloro.
Lloro como se llora la muerte de un amigo,
de un padre, de mi perro,
de los niños migrantes que mueren de frío
en los campos de refugiados esperando
un hueco en la próspera Europa.
Lloro sin consuelo.
Sé que me acompañará esa certeza en la partida.
Ese frío en mi frío corazón será mi último recuerdo.

Hijos míos, debéis saber esta verdad:
hemos venido a incendiar la casa
con vosotros dentro.

No hay nada inocente en la escritura

He desplegado mi orfandad
sobre la mesa, como un mapa.
Alejandra Pizarnik

LA FLAQUEZA

Cuando escribo durante las noches gélidas de Benablón
escucho a los perros ladrar y llorar desconsoladamente.
Perros abandonados al cuidado de fincas
que protegen en medio de una soledad inconmensurable.
Guardan una tierra que les pertenecía antes de nosotros.

No se puede gritar más alto un dolor.
Pero sabedlo, yo os escucho.

EL OFICIO DE LA DESOBEDIENCIA

Escribir es perseguir la luz a través de la grieta
y, luego, sostenerla.

EL ÚLTIMO VIAJE

Envejecemos como el animal que somos.

Las cosas malas que no le cuentas a nadie
se vuelven perros rabiosos
y muerden.

Amar es la revolución más urgente

AGRADECIMIENTOS

Acabé *Los primeros fríos* el 30 de diciembre del 2023, el año en el que el dolor se nombró con el nombre de los nuestros. Y pese a ello, bailamos, cantamos y brindamos. Hicimos planes. Miramos al futuro con ojos hambrientos. Escribí. Pese a todo, escribí. Nunca antes las palabras me fueron tan impropias. Tuve que inventar una lengua.

Quiero agradecer a María Casas e Ismael Rodríguez sus ojos lectores y sabios. Sin ellos, *estos fríos*, serían otros. Gracias a Javier, mi editor, por ver en este poemario algo que otras y otros no vieron. A Pedro Alberto Cruz por darme la oportunidad de llegar a la editorial Páramo y por su amistad.

Gracias a Almudena Sánchez y Andrés García Cerdán por creer en *estos fríos* y por su empeño en acompañarlos; una rareza que les hace aún más hermosos.

Gracias a Félix de Agüero por cederme *Visionario* para ser la portada de *Los primeros fríos*. Es un lujo que mis versos tengan la fortuna de estar tan hermosamente precedidos.

Gracias a Ginés Piñero, compadre y amigo, con el que comparto años de creatividad y admiración. No imagino este camino sin su voz y su música.

Gracias a las bibliotecarias, bibliotecarios, agentes culturales, profesoras y profesores de institutos, locutores y periodistas que me han dado y dan la oportunidad de compartir mi amor por la poesía.

Gracias a Solidarios para el Desarrollo por el lujo de aprender y enseñar en el Taller de Escritura Creativa del Centro Penitenciario Murcia II. A mis alumnas y alumnos del taller por su generosidad y su brillo.

Gracias a mi maestro de MMA, a mis compañeras y compañeros, a Alex, del que añoro sus golpes. He aprendido que golpear es bailar.

Gracias a las futbolistas del AC Caravaca Femenino por enseñarme tantísimas cosas y todas hermosas. Sois unas reinas y yo vuestra fan número uno.

Gracias a las libreras y libreros que visito por mi trabajo. Gracias por descubrirme libros maravillosos que siempre me abrazan. Hacéis una labor silenciosa, bella y necesaria: construir personas que construyen el mundo.

Gracias a mi hermano Antonio por estar en mi vida, por hacerla más feliz, por ser tan hermoso. Te *quierísimo*.

Gracias a las escritoras, escritores y poetas que me han construido. Sin ellas —sobre todo sin ellas—, esto habría sido imposible. Gracias por escribir.

índice

UNA ESTAMPIDA DE FRÍOS
Por Almudena Sánchez   13

Nacer es el primer frío

Crecer es amar al monstruo

Depredadores y presas bebemos
de las mismas aguas

La tristeza es un país de hielo

Escribo para inventar otra lengua

Hacemos cuanto podemos por
repararnos

Este libro se publicó en marzo de
2024 en recuerdo de las morsas de
la Antártida y de todos aquellos
animales que, como nosotros, ya no
encuentran su sitio en este planeta.